Rolf Krenzer/Paul G. Walter:
Römer-Lieder
8 wunderschöne neue Römer-Lieder für Kinder zum Mitsingen, Tanzen und Bewegen

Das Liederbuch mit allen Texten, Noten und Gitarrengriffen zum Mitsingen und Mitspielen

Gesammelt und herausgegeben von Stephen Janetzko

Copyright © 2015 Verlag Stephen Janetzko, Erlangen
www.kinderliederhits.de
Alle Lieder verlegt bei Edition SEEBÄR-Musik Stephen Janetzko, Erlangen
Online-Shop im Internet unter **www.kinderlieder-shop.de**
Coverillus: *Stephen Janetzko Lizenzgeber*
Covergrafik, Notensatz, grafische Vorbereitung und Idee: Stephen Janetzko
All rights reserved.

ISBN-10: 3957220858

ISBN-13: 978-3-95722-085-1

Inhaltsverzeichnis

Lieder: **Seite:**
Die Bauleute von Rom 4
Ein Schiff kommt übers Meer daher 6
Sag mir, wie weit darf ich reisen? 8
Der ABC-Song 10
Im Amphitheater 12
Die Seeräuber vom Mittelmeer 14
Die Ballade vom fußkranken Legionär 16
Romulus und Remus 18

Die Bauleute von Rom

Text: Rolf Krenzer   Musik: Paul G. Walter

1. Helft, Leute! Packt mit an! Dann geht es gut voran.
Auf, Leute, packt mit zu! Dann schaffen wir's im Nu.
Immer höher, immer höher baun wir Stein auf Stein!
Und am Ende wird das neue Bauwerk fertig sein!

2. Dass unsre große Stadt
den neuen Tempel hat,
geben wir uns viel Müh!
So schön war Rom noch nie!
Immer höher, immer höher
baun wir Stein auf Stein!
Und am Ende wird der neue Tempel fertig sein!

3. Dass unsre schöne Stadt
ein Kolosseum hat,
geben wir uns viel Müh!
So schön war Rom noch nie!
Immer höher, immer höher
baun wir Stein auf Stein!
Und am Ende wird das Kolosseum fertig sein!

4. Dass unsre große Stadt
bald ein Theater hat,
geben wir uns viel Müh!
So schön war Rom noch nie!
Immer höher, immer höher
baun wir Stein auf Stein!
Und am Ende wird auch das Theater fertig sein!

5. Dass unsre große Stadt
bald ein Thermalbad hat,
geben wir uns viel Müh!
So schön war Rom noch nie!
Immer höher, immer höher
baun wir Stein auf Stein!
Und am Ende wird auch das Thermalbad fertig sein!

6. Dass unsre große Stadt
auch bald ein Stadion hat,
geben wir uns viel Müh!
So schön war Rom noch nie!
Immer höher, immer höher
baun wir Stein auf Stein!
Und am Ende wird das neue Stadion fertig sein!

7. Dass unsre schöne Stadt
einen großen Circus hat,
geben wir uns viel Müh!
So schön war Rom noch nie!
Immer höher, immer höher
baun wir Stein auf Stein!
Und schon wird der Circus Maximus bald fertig sein.

8. Kommt, Leute, kommt und schaut!
So viel wird hier gebaut!
Rom wird, weil's uns gefällt,
zur schönsten Stadt der Welt.
So viel Neues, so viel Großes
wird in Rom entstehn!
Kommt, ihr Leute, kommt noch heute, um es anzusehn!

Ein Schiff kommt übers Meer daher

Text: Rolf Krenzer   Musik: Paul G. Walter

2. Die edlen Pferde aus Griechenland. Sie werden an Land gebracht.
Schaut her! Schaut her! Es ist noch mehr, als wir es uns gedacht!
*Zuerst die Schafe aus Spanien,
die edlen Pferde aus Griechenland.*
Schaut her! Schaut her! Es ist viel mehr, als wir es uns gedacht!

3. Köstlichen Wein aus Israel, der wird nun an Land gebracht.
Schaut her! Schaut her! Es ist noch mehr, als wir es uns gedacht!
*Zuerst die Schafe aus Spanien,
die edlen Pferde aus Griechenland,
köstlichen Wein aus Israel.*
Schaut her! Schaut her! Es ist viel mehr...

4. Wertvolles Glas aus Ägypten, das wird nun an Land gebracht.
Schaut her! Schaut her! Es ist noch mehr, als wir es uns gedacht!
Zuerst die Schafe aus Spanien,
die edlen Pferde aus Griechenland,
köstlichen Wein aus Israel,
wertvolles Glas aus Ägypten.
Schaut her! Schaut her! Es ist viel mehr...

5. Öl und Getreide aus Gallien, das wird nun an Land gebracht.
Schaut her! Schaut her! Es ist noch mehr, als wir es uns gedacht!
Zuerst die Schafe aus Spanien,
die edlen Pferde aus Griechenland,
köstlichen Wein aus Israel,
wertvolles Glas aus Ägypten,
Öl und Getreide aus Frankreich.
Schaut her! Schaut her! Es ist viel mehr...

6. Marmor und Holz aus Lybien, das wird nun an Land gebracht.
Schaut her! Schaut her! Es ist noch mehr, als wir es uns gedacht!
Zuerst die Schafe aus Spanien,
die edlen Pferde aus Griechenland,
köstlichen Wein aus Israel,
wertvolles Glas aus Ägypten,
Öl und Getreide aus Gallien,
Marmor und Holz aus Lybien.
Schaut her! Schaut her! Es ist viel mehr...

Schluss:
Kostbare Seide aus Persien, wird auch noch an Land gebracht.
Und Krüge und Töpfe aus Ton und teure Parfüms aus Arabien.
Auch Gold gibt es und Silber, dann Zinn noch und Kupfer.
Es bringt uns so viel davon!

Ein großes Schiff kam übers Meer, die Wellen schaukeln's leise.
Es hat uns aus der weiten Welt so viele Schätze mitgebracht.
Auf geht's zur neuen Reise.

Spielanregung: Das Lied lässt sich als kleines Singspiel spontan spielen:
Mehrere Spieler stellen sich in einem Oval auf und bilden so das Schiff, in dem alle weiteren Mitspieler eng gedrängt stehen.
Zur ersten Strophe kommen die Schafe vom Schiff: jeweils zwei Spieler, die aufrecht gehen. Einer ist das Fell und umklammert den zweiten Spieler von hinten.
Dann werden die Pferde herausgeführt (jeweils 2 Spieler stellen ein Pferd dar).
Zur dritten Strophe tragen wir einen angedeuteten schweren Tonkrug mit beiden Händen oder auf dem Kopf.
Das wertvolle Glas wird durch den besonders behutsamen Umgang mit ihm verdeutlicht: Wir stellen uns vor, ein Tablett mit wertvollen Gläsern zu tragen.

Sag mir, wie weit darf ich reisen?

Text: Rolf Krenzer   Musik: Paul G. Walter

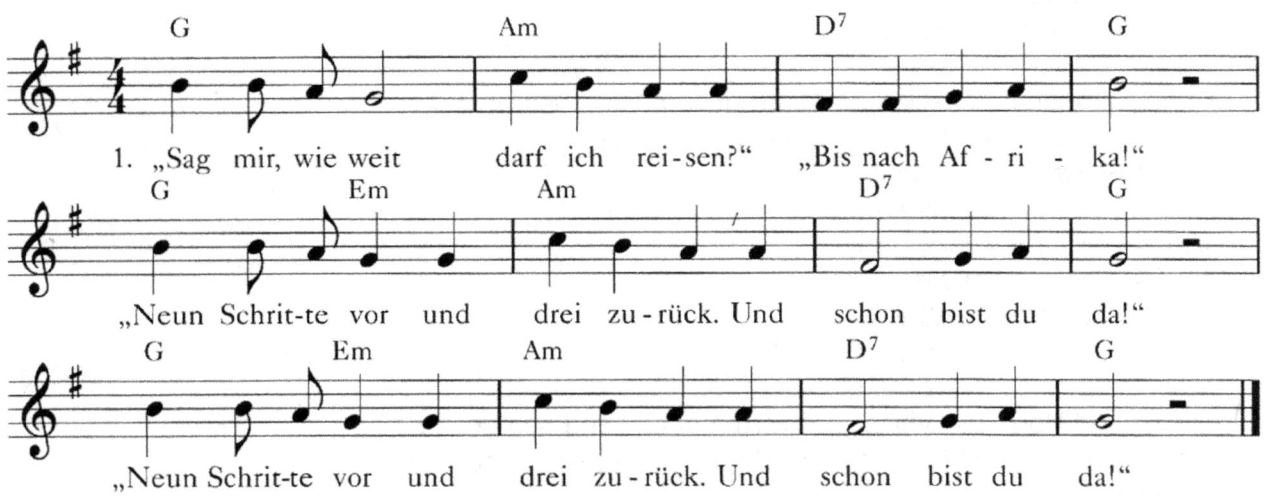

2. »Vater, wie weit darf ich reisen?«
»Bis Hispania (1)«
»Acht Schritte vor und zwei zurück. Und schon bist du da!«
»Acht Schritte vor und zwei zurück. Und schon bin ich da!«

3. »Mutter, wie weit darf ich reisen?«
»Bis nach Graecia (2)!«
»Sieben Schritt' vor und vier zurück. Und schon bist du da!«
»Sieben Schritt' vor und vier zurück. Und schon bin ich da!«

4. »Rufus, wie weit soll ich reisen?«
»Bis nach Syria (3)!«
»Sechs Schritte vor und drei zurück. Und schon bist du da!«
»Sechs Schritte vor und drei zurück. Und schon bin ich da!«

5. »Clara, wie weit soll ich reisen?«
»Bis nach Gallia (4)!«
»Acht Schritte vor, ein Schritt zurück. Und schon bist du da!«
»Acht Schritte vor, ein Schritt zurück. Und schon bin ich da!«

6. »Lucius, wie weit soll ich reisen?«
»Bis Britannia (5)!«
»Sechs Schritte vor und vier zurück. Und schon bist du da!«
»Sechs Schritte vor und vier zurück. Und schon bin ich da!«

7. »Mira, wie weit soll ich reisen?«
»Bis Germania (6)!«
»Zehn Schritte vor und fünf zurück. Und schon bist du da!«
»Zehn Schritte vor und fünf zurück. Und schon bin ich da!«

8. »Soll ich wirklich so weit reisen?
Von euch fortgehn? Ja?
Fünf Schritte vor und fünf zurück. Ich bleib' lieber da!
Fünf Schritte vor und fünf zurück. Ich bleib' lieber da!«

Spielanregung:
Ein Spieler steht den anderen gegenüber. Dann gehen die Spieler so weit vor und so weit zurück, wie es in der jeweiligen Strophe angegeben wird.

Erläuterung:
(1) Spanien
(2) Griechenland
(3) Syrien
(4) Gallien, Frankreich
(5) Britannien, England
(6) Germanien, Deutschland

Der ABC-Song

Text: Rolf Krenzer   Musik: Paul G. Walter

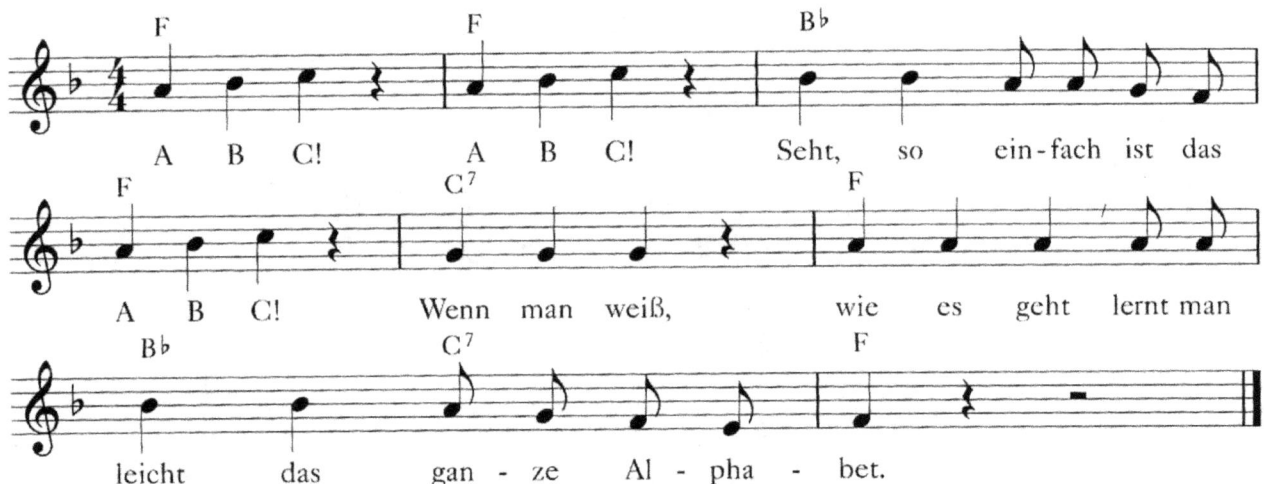

A B C! A B C! Seht, so ein-fach ist das A B C! Wenn man weiß, wie es geht lernt man leicht das gan-ze Al-pha-bet.

2. ABC! ABC!
Seht, so einfach ist das ABC!
Wenn man weiß, wie es geht, lernt man leicht das ganze Alphabet.

3. D ist der Daumen,
die Erde: E.
F ist der Fisch,
die Gräte: G.

4. ABC! ABC! ABCDEFG!
Seht, so einfach ist das ABC!
ABC! ABC!
Seht, so einfach ist das ABC!
Wenn man weiß, wie es geht, lernt man leicht das ganze Alphabet.

5. H ist der Hase, I die Idee.
J ist der Juni und K der Klee.

6. ABC! ABC! ABCDEFG!
HIJ und K wie Klee.
Seht, so einfach ist das ABC!
ABC! ABC!
Seht, so einfach ist das ABC!
Wenn man weiß, wie es geht, lernt man leicht das ganze Alphabet.

7. L ist die Laus,
M die Maus, oho!
Nord Ost N O

und P der Po.

8. ABC! ABC! ABCDEFG!
HIJK LMNOP!
Seht, so einfach ist das ABC!
ABC! ABC!
Seht, so einfach ist das ABC!
Wenn man weiß, wie es geht, lernt man leicht das ganze Alphabet.

9. Q ist der Quark,
R das scheue Reh.
S wie Spaghetti
und T wie Tee.

10. ABC! ABC! ABCDEFG!
HIJK LMNOP!
Jetzt noch Q R S und T
Seht, so einfach ist das ABC!
ABC! ABC!
Seht, so einfach ist das ABC!
Wenn man weiß, wie es geht, lernt man leicht das ganze Alphabet.

11. U ist der Uhu,
V das Vogel-V.
W, das sind WIR.
Und wir sind schlau!

12. ABC! ABC! ABCDEFG! HIJK LMNOP!
Q R S T und noch U V W.
Seht, so einfach ist das ABC!
ABC! ABC!
Seht, so einfach ist das ABC!
Wenn man weiß, wie es geht, lernt man leicht das ganze Alphabet.

Ohne X und Y und Z
wär' das Ganze nicht komplett!

13. ABC! ABC! ABCDEFG! HIJK LMNOP!
Q R S T und noch U V W.
Ohne X und Y und Z wär' das Ganze nicht komplett!
ABC! ABC!
Seht, so einfach ist das ABC!
Wenn man weiß, wie es geht,
lernt man leicht das ganze Alphabet.
ABC! ABC! ABCDEFG! HIJK LMNOP!
Q R S T und noch U V W.
Ohne X und Y und Z wär' das Ganze nicht komplett!

Spielanregung: Bei diesem »Rap« macht es Spaß, die Verse des ABC-Gedichtes zu der Begleitmusik zu sprechen oder mitzusprechen.

Im Amphitheater

Text: Rolf Krenzer   Musik: Paul G. Walter

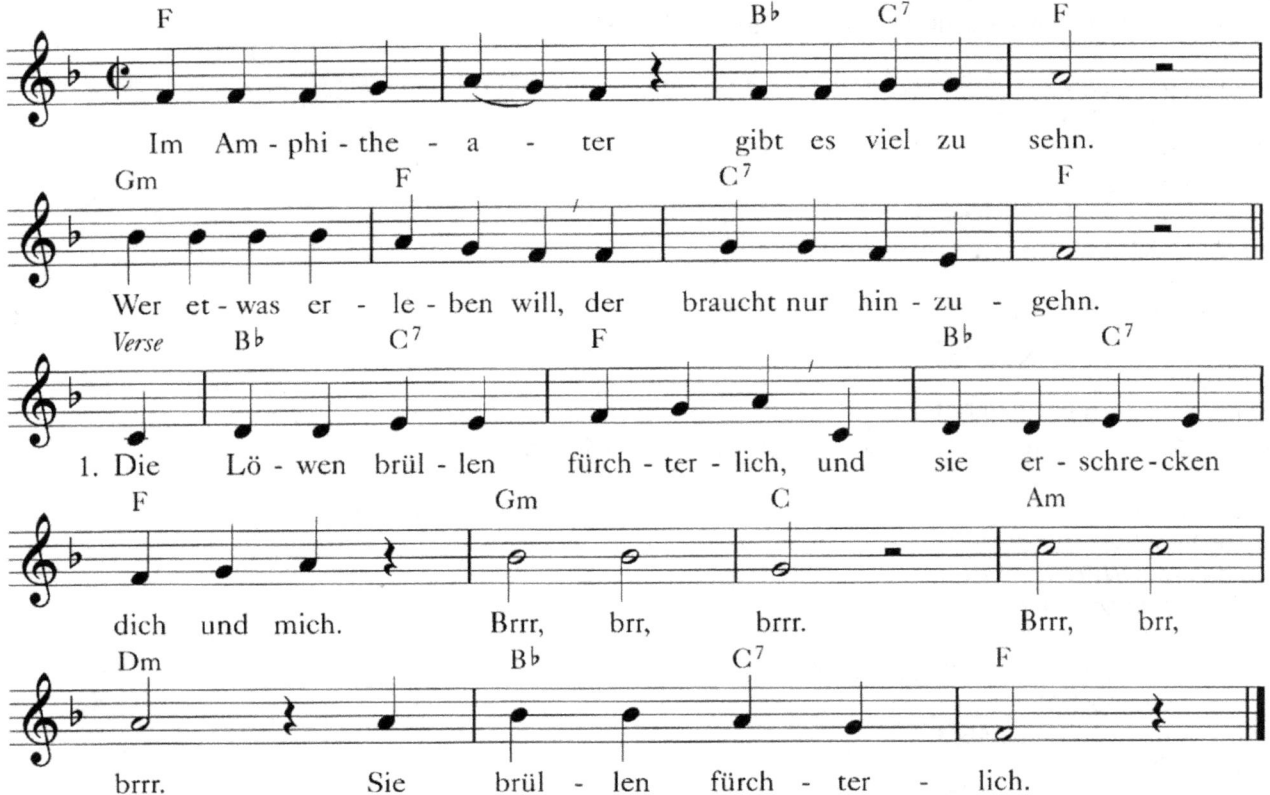

2. Die Elefanten, groß und schwer,
schwenken die Rüssel hin und her.
Tä, tä, tä, tä, tä, tä,
die Rüssel hin und her.

3. Die Tiger schleichen durch den Sand,
und sie zu reizen ist riskant.
Chr, chr, chr, chr, chr, chr,
ja, das ist sehr riskant.

4. Der Eber greift am liebsten dann
mit seinen großen Hauern an.
Hrr, hrr, hrr, hrr, hrr, hrr,
mit seinen Hauern an.

5. Kommt nun das Dromedar, dann seht
wie gravitätisch es hier geht.
Ho, ho, ho, ho, ho, ho.
Seht nur, wie es hier geht!

6. Die Affen springen wild herum
und prügeln sich vorm Publikum.
Sst, sst, sst, sst, sst, sst,
direkt vorm Publikum.

7. Da kommt ein dicker, großer Bär.
Der Bär schwankt immer hin und her.
Brumm, brumm, brumm, brumm, brumm, brumm,
so kommt der Bär daher.

8. Die Zebras sehn, macht euch nichts draus,
fast wie gestreifte Pferde aus.
Hi, hi, hi, hi, hi, hi.
So ähnlich sehn sie aus.

9. Gladiatoren kommen jetzt!
Gebt Acht, dass keiner sich verletzt!
Gebt nur Acht! Gebt nur Acht,
dass keiner sich verletzt!

10. Und kommen noch die Pferde rein,
darf jeder jetzt ein Reiter sein!
Hopp, hopp, hopp, hopp, hopp, hopp,
jetzt darf man Reiter sein!

Spielanregung:
Einige oder alle Spieler stellen zu jeder Strophe die genannten Tiere dar.
Sie schleichen wie Tiger, trampeln wie Elefanten, raufen wie Affen usw.
Die Gladiatoren zeigen ihre Körperkräfte und können z. B. miteinander ringen.
Zum Schluss sind einige Spieler Pferde, andere dürfen auf ihnen eine Runde reiten.
Möglich ist auch ein Reiterkampf zum Schluss.

Die Seeräuber vom Mittelmeer

Text: Rolf Krenzer; Musik: Paul G. Walter
© Edition SEEBÄR-Musik Stephen Janetzko, **www.kinderlieder-und-mehr.de**

     D (Dis)   h (c)   G (Gis)   A (B)
1. Wir fahren, wir fahren, so fahren wir daher.
    D (Dis)   h (c)   G (Gis)   D (Dis)   A (B) D (Dis)
Die Wellen schaukeln leise, und weiter geht die Reise. Wir fahren übers Meer.

    A (B) G (Gis) e (f)   fis (g)   h (c)
2. Da folgt uns von ferne ein kleines Schiff geschwind.
    A (B) G (Gis) e (f)   A (B)   D (Dis)
Was mag das nur bedeuten? Wir sagen unsern Leuten:
    A (B)   E (F) G A (Gis B)
»Setzt Segel in den Wind!«

3. Das Schiff kommt uns näher,
und bald holt es uns ein.
Wir wollen schnell entkommen
und sehen ganz beklommen:
Es müssen Räuber sein.

4. Sie rudern und rudern
ganz nah an uns heran.
Gleich werden sie uns entern,
und unser Schiff wird kentern.
Gleich fängt das Kämpfen an.

5. Seeräuber sind bewaffnet
mit Dolch, mit Schwert und Speer.
Wir nur mit bloßen Händen.
So muss der Kampf bald enden.
Uns rettet keiner mehr!

6. Sie rauben, was wir haben,
und bringen alles fort.
Sie fesseln uns mit Ketten.
Nicht einer kann sich retten.
Sie treiben uns von Bord.

7. Zurück bleibt unser Schiffchen.
Sie lachen laut und froh.
Sie schlagen es zusammen

und setzen es in Flammen.
Da brennt es lichterloh.

8. Was soll nur aus uns werden?
So groß ist unsre Not.
Sie feiern wie besessen.
Wir kriegen nichts zu essen.
Nicht einen Bissen Brot.

9. Nach vielen langen Stunden
und mitten in der Nacht,
da hat das Schiff ganz leise
nach seiner schlimmen Reise
am Ufer festgemacht.

10. Sie können nur noch lallen
und legen sich aufs Deck.
Von unserm Wein betrunken!
Wie haben sie gestunken!
Wie kommen wir hier weg?

11. »Sag, Freund, den Kettenschlüssel,
hast du ihn eingesteckt?«
»Sie haben ihn verloren!
Ich packt ihn unverfroren.
Sie haben's nicht entdeckt!«

12. Die Fesseln sind gefallen.
Kein Räuber wurde wach.
Wir sind davongelaufen.
Wir durften nicht verschnaufen.
Und keiner kam uns nach.

13. Wir sind davongekommen.
Zu Ende war die Not.
Doch fahre ich bis heute,
glaubt mir's, ihr guten Leute,
nie mehr mit einem Boot.

Spielanregung: Wir können uns als Seeräuber verkleiden und die Geschichte zu dem Lied spielen. Die Boote können wir durch umgedrehte Tische andeuten. Es können auch jeweils mehrere Spieler ein Boot bilden, Mit gelben und roten Tüchern können wir das Feuer zeigen, wenn das Boot im Meer versinkt. Richtige Ketten brauchen wir nicht. Wir können spielen, dass wir aneinander gekettet sind und uns selber später davon befreien. Auch das Elend der Räuber lässt sich darstellen: Sie bringen zunächst viele Amphoren Wein von dem einen Schiff zum anderen und trinken sie dann leer. Auch diese Tonkrüge stellen wir dar, ohne wirkliche Krüge zu benutzen.

Die Ballade vom fußkranken Legionär

Text: Rolf Krenzer Musik: Paul G. Walter

1. Der Lucius war ein Legionär, ein großer, wilder Krieger. Vor jedem Feldzug sah er sich bereits als großer Sieger. Doch leider, leider hatte er mit seinen Füßen stets Malheur.

2. Kaum zog er los mit seinem Heer auf langer Heeresstraße,
da hatt' er bald an jedem Fuß
schon eine große Blase.
Denn leider, leider hatte er mit seinen Füßen stets Malheur.

3. So humpelte er immer mehr, denn selbst in den Sandalen,
litt er nach ein paar Stunden schon
die schlimmsten Höllenqualen.
Denn leider, leider hatte er mit seinen Füßen stets Malheur.

4. Und so geriet der Legionär so nach und nach nach hinten.
So musst ihn sein Zenturio
am Schluss des Heeres finden.
Denn leider, leider hatte er mit seinen Füßen stets Malheur.

5. »Ich leide«, jammerte der Mann, »schon wieder Höllenqualen!«
»Geh barfuß!«, ist die Antwort drauf,
»und trage die Sandalen.«
Ja, leider, leider hatte er mit seinen Füßen stets Malheur.

6. Die Füße drückten ihn nicht mehr nach gut dreiviertel Stunden
Doch vor ihm war im Straßenstaub
schon längst das Heer verschwunden.
Ja, leider, leider hatte er mit seinen Füßen dies Malheur.

7. So folgte er dem Heer und blieb dann hin und wieder stehen.
Er sah den weiten Weg vor sich.
Sein Heer war nicht zu sehen.
Ja, leider, leider hatte er mit seinen Füßen dies Malheur.

8. Und als er hungrig war, gab man ihm Brot und Obst zum Leben.
Und für die Nacht hat's überall
ein Bett im Stroh gegeben.
Ja, leider, leider hatte er mit seinen Füßen dies Malheur.

9. »Habt ihr vielleicht mein Heer gesehn?« So hörte man ihn fragen.
»Ich finde die Legion nicht mehr!«
Da half ihm auch kein Klagen.
Ja, leider, leider hatte er mit seinen Füßen dies Malheur.

10. Als eines Tages kam zurück sein Heer nach vielen Siegen,
schlich er sich ein ins letzte Glied.
Das mochte ihm genügen.
Denn auf dem Heimweg hatte er mit seinen Füßen kein Malheur.

11. »Wie kommt's«, fragt der Zenturio, »dass ich dich nie gesehen?«
»Ich war ja barfuß!«, meint der Mann.
»Da konnt' das schon geschehen!«
Und auf dem Heimweg hatte er mit seinen Füßen kein Malheur.

12. Und auf der Via Appia sind sie nach Rom gezogen.
Mit Lucius durch das Siegestor.
Und das ist nicht gelogen.
Bei der Parade hatte er mit seinen Füßen kein Malheur.

13. Es wurde jeder Legionär dann überhäuft mit Ehren.
Der Lucius nahm es dankbar an.
Was sollt er sich auch wehren.
Mit dem Gewissen hatte er wie mit den Füßen kein Malheur.

14. Der Lucius ist ein Legionär, ein ausgefuchster Krieger.
Beim nächsten Feldzug sieht er sich
bereits als größter Sieger.
Denn so zu siegen ist nicht schwer. Mit solchen Füßen kein Malheur!

Romulus und Remus

Text: Rolf Krenzer Musik: Paul G. Walter

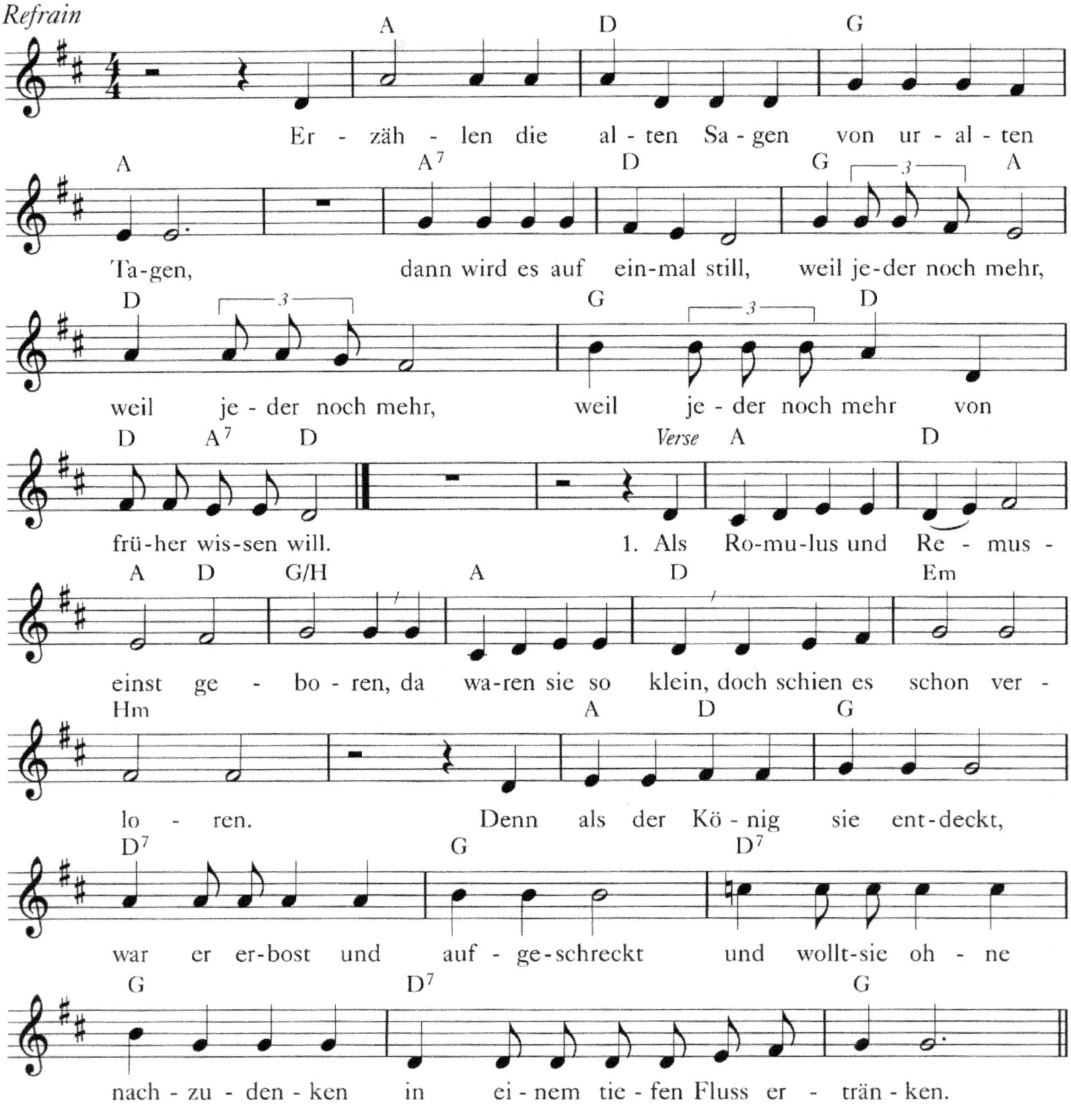
Refrain
A D G
Er - zäh - len die al - ten Sa - gen von ur - al - ten
A A7 D G 3 A
Ta-gen, dann wird es auf ein-mal still, weil je-der noch mehr,
D 3 G 3 D
weil je - der noch mehr, weil je - der noch mehr von
D A7 D Verse A D
frü-her wis-sen will. 1. Als Ro-mu-lus und Re - mus -
A D G/H A D Em
einst ge - bo - ren, da wa-ren sie so klein, doch schien es schon ver -
Hm A D G
lo - ren. Denn als der Kö - nig sie ent-deckt,
D7 G D7
war er er-bost und auf - ge-schreckt und wollt-sie oh - ne
G D7 G
nach - zu - den - ken in ei - nem tie - fen Fluss er - trän - ken.

2. Dass diese beiden Königskinder waren,
hatt' bald der falsche König viel zu früh erfahren.
Er rief die Knechte, wies sie an:

»Packt sie im Schlaf und bringt sie dann
zum Fluss, zum Tiber dort hinunter.
Dort gehen beide sicher unter!«

3. Die Knechte hatten Mitleid, will mir scheinen.
Drum legten sie die Wiege mit den beiden Kleinen,
behutsam auf ein Brett, das dann
im Fluss nicht untergehen kann.
So trieb die Wiege dort hinunter.
Gerettet beide! Welch ein Wunder!

4. Sie sind nicht lange in dem Fluss geblieben.
Die Wellen haben sie ganz zart an Land getrieben.
Doch lockte bald ihr Wehgeschrei
noch eine Wölfin nachts herbei.
Zur Höhle hat sie sie getragen,
gab ihnen Milch ohne zu fragen.

5. Sie hat sie warm in ihren Pelz gebettet
und hat die Königskinder so vorm Tod gerettet.
Ein Hirte kam dort einst vorbei,
und er entdeckte alle drei.
Die Kinder waren ihm willkommen.
Er hat sie bei sich aufgenommen.

6. Was später dann geschah, ist zu beklagen:
Der Romulus hat seinen Bruder totgeschlagen.
Grad war gegründet eine Stadt
dort, wo man sie gefunden hat.
Und wer regiert nun von den Beiden?
So fingen sie dann an zu streiten.

7. Von beiden Brüdern lässt sich viel berichten.
Ein jedes Römerkind kennt heut' noch die Geschichten.
Der Romulus ist sehr bekannt.
Und nach ihm wurde Rom genannt.
Und wer nichts weiß von diesen Sagen,
muss nur die Römerkinder fragen.

Die CD zum Buch
(enthält u.a. alle Lieder aus diesem Liederbuch):

Rolf Krenzer/Paul G. Walter:
Lieder und Geschichten von den kleinen Römern
Mit Rolf Krenzer und Paul G. Walter auf Entdeckungsreise in die Welt der Römer.

Die kleinen Römer – Download-Sonderausgabe der Edition SEEBÄR-Musik Stephen Janetzko: **Diese CD ist ausschließlich als Download erhältlich!**

Über die CD:
Von Amandus, Beatus, Felicitas und Rufus, von Wagenrennen im Circus Maximus, von aufregenden Triumphzügen siegreicher römischer Legionäre, aber auch vom strengen Schulalltag, vom harten Leben der Sklaven und von vielem mehr erzählt Rolf Krenzer im vorliegenden Band. Die Geschichten und Lieder lassen auf sehr unterhaltsame Weise das Leben im alten Rom lebendig werden. Rolf Krenzer (1936-2007) beschreibt das Leben der kleinen und großen Römer für und aus der Perspektive der Kinder. Wie sah ein erster Schultag im alten Rom aus? Wie und womit spielten kleine Römer? Dazu gibt es Lieder von Paul G. Walter. Sie laden die Zuhörer zum Mitsingen und Mitmachen ein und runden diese erste Begegnung mit der faszinierenden Welt der Römer ab.

Alterszielgruppe ca. ab 5-10 Jahre, ideal 6-9 Jahre / Spieldauer ca. 59 min.
INFO & SHOP: www.kinderliederhits.de - © SEEBÄR-Musik (Labelcode LC 05037)

WEITERE BÜCHER IM VERLAG STEPHEN JANETZKO (u.a.):

- Rolf Krenzer/Martin Göth:
Ritter-Lieder - 10 wunderschöne neue Ritter-Lieder für Kinder zum Mitsingen, Tanzen und Bewegen:
Das Liederbuch mit allen Texten, Noten und Gitarrengriffen zum Mitsingen und Mitspielen- *ISBN 978-3-95722-081-3*

- Rolf Krenzer/Stephen Janetzko:
Indianer-Lieder - 10 wunderschöne neue Indianer-Lieder für Kinder zum Mitsingen, Tanzen und Bewegen:
Das Liederbuch mit allen Texten, Noten und Gitarrengriffen zum Mitsingen und Mitspielen- *ISBN 978-3-95722-080-6*

- Stephen Janetzko:
Stark wie ein Baum - Frühling, Natur, Ostern, Walpurgisnacht, Muttertag:
Das Liederbuch mit allen Texten, Noten und Gitarrengriffen zum Mitsingen und Mitspielen-
ISBN 978-3-95722-079-0

- Christa Baumann/Stephen Janetzko:
Früchte, Früchte, Früchte - Basteln, Spielen und Experimentieren rund um Natur, Obst, Kräuter und Rohkost.
Mit 30 einfachen Liedern, Rezepten, Geschichten und vielen Kreativideen -
ISBN 978-3-95722-051-3

- Kati Breuer & Stephen Janetzko:
Polonäse - Neue Kinderlieder zum Ankommen, Bewegen, Mitmachen, Ausruhen und Tschüs sagen:
Das Liederbuch mit allen Texten, Noten und Gitarrengriffen zum Mitsingen und Mitspielen-
ISBN 978-3-95722-071-4

- Kati Breuer:
Piepmatzlieder - 25 frische Singhits für fröhliche Kinder zum Schaukeln, Trippeln, Stampfen und Zappeln:
Das Liederbuch mit allen Texten, Noten und Gitarrengriffen zum Mitsingen und Mitspielen - *ISBN 978-3-95722-078-3*

- Christina Klenz:
Gute Nacht, flüstert die Elfe: Eine zauberhafte Einschlafgeschichte mit Fantasiereise -
ISBN 978-3-95722-077-6

- Stephen Janetzko:
Es schneit, es schneit, es schneit! – Ein Schnee-und-Winter-Lieder-Buch:
Das Liederbuch mit allen Texten, Noten und Gitarrengriffen zum Mitsingen und Mitspielen (Viele neue Schnee-Lieder für Winter und Fasching) -
ISBN 978-3-95722-076-9

- Christa Baumann/Stephen Janetzko:
Und wieder brennt die Kerze - Das große Mitmach-Buch für Advent und Weihnachten:
Mit 25 einfachen Liedern, Kreativideen, Rezepten, Geschichten und tollen Winter-Aktionen -
ISBN 978-3-95722-068-4

- Stephen Janetzko:
Augen Ohren Nase - Neue Mitmach-, Lern- und Spielkreis-Lieder von Stephen Janetzko:
Das Liederbuch mit allen Texten, Noten und Gitarrengriffen zum Mitsingen und Mitspielen -
ISBN 978-3-95722-070-7

- Stephen Janetzko:
Das Licht einer Kerze - Die 25 schönsten Weihnachtslieder:
Das Liederbuch mit allen Texten, Noten und Gitarrengriffen zum Mitsingen und Mitspielen -
ISBN 978-3-95722-067-7

- Stephen Janetzko:
Der Herbst ist da - Die 25 schönsten Herbstlieder:
Das Liederbuch mit allen Texten, Noten und Gitarrengriffen zum Mitsingen und Mitspielen -
ISBN 978-3-95722-065-3

- Christa Baumann/Stephen Janetzko:
Ein bisschen so wie Martin - Das große Kindergarten-Buch für Herbst und Sankt Martin:
Mit 25 bekannten und neuen Liedern fürs Laternenfest, vielen Geschichten und tollen Herbst-Aktionen -
ISBN 978-3-95722-064-6

- Stephen Janetzko:
Sankt Martin ritt durch Schnee und Wind - Die 25 schönsten Laternenlieder:
Das Liederbuch mit allen Texten, Noten und Gitarrengriffen zum Mitsingen und Mitspielen -
ISBN 978-3-95722-061-5

- Christa Baumann/Stephen Janetzko:
Indianer - Das große Lieder-Geschichten-Spiele-Bastelbuch.
Singen, reiten, kochen, erzählen, tanzen, feiern, trommeln und kreativ sein mit vielen tollen und einfachen Indianer-Aktionen für Kinder-
ISBN 978-3-95722-060-8

Zu allen Büchern sind begleitende CDs separat erhältlich!

... mehr Info, mehr CDs, mehr Lieder & Noten:
www.kinderliederhits.de

Alle Rechte vorbehalten.

Dieses Werk ist urheberrechtlich geschützt. Jegliche Vervielfältigung und Verwertung ist nur mit Zustimmung der Autoren bzw. des Verlags zulässig. Das gilt insbesondere für Übersetzungen, die Einspeicherung und Verarbeitung in elektronischen Systemen sowie für das öffentliche Zugänglichmachen wie zum Beispiel über das Internet.
Ein Nachdruck oder eine Weiterverwertung ist nur mit schriftlicher Genehmigung des Verlags möglich.

© Verlag Stephen Janetzko, **www.kinderliederhits.de**

www.ingramcontent.com/pod-product-compliance
Lightning Source LLC
Chambersburg PA
CBHW081504040426
42446CB00016B/3391